Joan Wilhelm Wolfgang Breithaupt

Etwas über die Versuchung Jesu Christi in der Wüste

Joan Wilhelm Wolfgang Breithaupt

Etwas über die Versuchung Jesu Christi in der Wüste

ISBN/EAN: 9783743610217

Hergestellt in Europa, USA, Kanada, Australien, Japan

Cover: Foto ©Lupo / pixelio.de

Manufactured and distributed by brebook publishing software (www.brebook.com)

Joan Wilhelm Wolfgang Breithaupt

Etwas über die Versuchung Jesu Christi in der Wüste

Etwas

über die

Versuchung Jesu Christi

in der Wüste

von

Jo. Wilh. Wolfg. Breithaupt,

Superintendenten der Querumschen Inspection,
und Pastor zu St. Martini in Braunschweig.

Braunschweig,
bey Johann Christoph Meyer,
1788.

Vorerinnerung.

Es hat dem Herrn Pastor Bartels gefallen, in der Zueignungsschrift seiner Predigt über das Evangelium am Sonntage Invocavit von dem Siege über die Versuchungen zur Sünde an mich die meinige über das Evangelium am Sonntage Reminiscere von dem Vernunftmäßigen in dem, was die Bibel von den bösen Engeln lehret, als eine Unterbrechung unsers bisherigen guten Vernehmens anzusehen. Ohnmöglich hätte sich sonst derselbe so weitläufig über unsere zehnjährige collegialische Freundschaft ausbreiten, und noch weniger mit einer so langen Ermahnung zur Einigkeit, in welchtr auch der Todesstunde und der Seligkeit nicht vergessen worden, beschliessen können. Wäre ich zur Unterbrechung unsers gegenseitigen freundschaftlichen Betragens im geringsten geneigt gewesen, so würde ich mir gewis nach dessen gehaltenen Predigt meine Empfindlichkeit haben merken lassen. Aber ich habe Demselben auf keine Weise einige Unfreundlichkeit bezeuget. Meine Predigt hatte einen ganz andern Zwek. So sehr ich die Freundschaft, auch die collegialische, schätze; so glaube ich doch, daß Freundschaft mich nie verpflichten könne, einen neunjährigen öffentlichen Vortrag nicht zu rechtfertigen, wenn ihm auf einmal

öf=

öffentlich widersprochen wird. Das habe ich getahn, und mehr nicht. Zwar glaubt Herr P. Bartels, den Verdacht nicht erreget zu haben, als wenn er hätte polemisiren wollen. Allein polemisirt heist das gewis, wenn man gerade das Gegenteil von den Meinungen anderer vorträgt und behauptet, gesezt, daß man auch anderer Meinungen mit keiner Sylbe gedenket. Noch mehr muß es polemisirt heißen, wenn man das für Bilder, für Stimmen S. 16, ja gar für Vorspiegelungen der Ehre S. 50. 51. erkläret, wovon andere, als von wirklichen Tahtsachen, zu dem Volke geredet haben. Wil man ganz gelinde davon urteilen, so mus man es wenigstens eine feine Art zu polemisiren nennen. Nechstdem kann ich nicht unbemerket lassen, daß in dieser Zueig-
nungs-

nungsschrift unsere verschiedene Auslegung des Evangelii am S. Invocavit, und folglich auch der Inhalt desselben für einen gar zu unbedeutenden Gegenstand erkläret wird. Daher komt es denn, daß Herr Pastor Bartels glaubt, ich sey ohne Not über seine Auslegung unruhig und zu sorgsam gewesen. Ein Verdacht, der mir nicht gleichgiltig seyn kan. Zwar bin ich nicht einen Augenblik dabei um das Christentum im Ganzen besorgt gewesen, sondern nur um den Nutzen meiner Religionsvorträge.

Ich habe daher diesen so unerheblich seyn sollenden Gegenstand in dieser kurzen Schrift genauer untersucht, und übergebe dem Publico diese Untersuchung mit der aufrichtigen Versicherung, daß, wenn irgend eine Unrichtigkeit in der Er-

Erzählung wider meinen Willen sich finden sollte, ich sie sogleich gern zurüknehmen wil. Nicht weniger werde ich das Verdienst des Herrn P. Bartels um das Christentum anerkennen, wenn er seine Erklärung des Evangelii vom S. Invocavit mit unwidersprechlichen, wenigstens die meinigen ganz überwiegenden Gründen rechtfertigen, und der christlichen Welt einen völligen und lichtvollen Aufschlus so darüber geben wolte, könte —, daß das Ansehn Jesu und der Geschichte seines Lebens nicht darunter leiden. Aber es muß mit Gründen geschehen. Damit, daß man einige neue Gedanken hin und wieder auswirft, und sie, wenn sie im Widerspruche mit der Bibel angetroffen werden, mit der Menschenliebe, mit dem nicht einzigen Möglichen, mit dem nicht einzigen Vernünftigen entschuldigen wil, wird sich so wenig die theologische Welt, als ich mich, abfinden lassen. Man gehe einmal mit der Sprache frei heraus; man erkläre sich, was man eigentlich von der Person Jesu denke; und teile seinen Mitmenschen seine reinern und ganz gesäuberten Kenntnisse davon unter solchen Gründen mit, daß die armen Nichtweitsehenden doch einmal aus ihrem Aberglauben gerissen werden. Aber das Alte immer untergraben, und das Neue nicht recht gründen, das heist zwar einreissen, aber nicht wieder aufbauen.

Noch wird der kleinen Privatgefälligkeiten gedacht, die wir uns zu erweisen bisher Gelegenheit gehabt haben. S. 5. Hierauf habe ich nichts weiter zu sagen, als daß ihrer nicht hätte gedacht wer-

werden sollen. Denn Menschen sind Menschen große Gefälligkeiten, wie vielmehr kleinere, schuldig. Ob einer von uns in diesen Gefälligkeiten dem andern zuvorgekommen, dem mag ich nicht nachdenken, denn es ist meine Weise nicht, davon zu reden. Daß aber Privatgefälligkeiten mit diesen unsern verschiedenen Erklärungen der Versuchung Jesu Christi nichts zu tuhn haben können, und mich für die Wahrheit zu reden nicht scheu machen musten, versteht sich von selbst. Privatgefälligkeit eines Freundes kan uns nie eine Verpflichtung auflegen, seine Widersprüche billigen zu müßen.

Zulezt bemerke ich nur noch, daß die Herausgabe dieses Aufsatzes um so nötiger geworden ist, je hämischer und parteiischer die Recension beider Predigten in der allgemeinen Literatur-Zeitung von diesem Jahre Nro. 195. ausgefallen ist, wie man aus dem Anhange dieser Schrift ersehen kan und wird.

Braunschweig, ben 14. Oct. 1788.

Obgleich die öffentlichen Vorträge der beiden Prediger der St. Martini Gemeine zu Braunschweig nach einer vorgeschriebenen Ordnung wöchentlich einige Abänderung leiden, und unter ihnen ein Wechsel statt findet; so hat es sich dennoch in einer Zeit von zwölf Jahren gefüget, daß ich neun Male über die Geschichte von der Versuchung Jesu Christi Matth. 4, 1-11. am Sonntage Invocavit habe predigen müssen. Ein Verzeichnis meiner öffentlichen Amtsarbeiten, das ich seit dem Antritte meines Lehramtes gehalten, sezt mich in den
Stand,

Stand, ganz genau zu bestimmen, wovon ich in diesen meinen Canzelvorträgen geredet habe. Nach diesem Verzeichnisse nun sind die Hauptsätze aller neun Predigten folgende gewesen:

1777. Was haben Christen bei Versuchungen nach dem Vorbilde ihres Heilandes zu tuhn, wenn sie überwinden wollen.

1778. Die Größe Jesu bei seiner Versuchung.

1779. Man muß sich auch in der größten Not keine Sünde erlauben.

1782. Das christliche Verhalten gegen böse Menschen.

1783. Die Versuchungen der Notleidenden.

1784. Die Wichtigkeit guter und richtiger Grundsätze in der Religion bei Versuchungen.

1785.

1785. Die Gefahren der Tugend in lasterhaften Geselschaften.
1786. Das Große in der versuchten aber standhaften Tugend Jesu Christi.
1787. Das Elend der Menschen, die sich mit dem Gegenwärtigen allein beruhigen.

In allen diesen Predigten habe ich von der Versuchung Jesu Christi, als von einer wirklichen Begebenheit geredet, weil die heilige Schrift sie als Tahtsache erzälet, und mit zwoen andern Tahtsachen, der Taufe des Erlösers *) und dem Antritte seines Lehramts **) genau verbindet. Obgleich aber alle meine schriftlichen Aufsätze noch davon vorhanden sind, so wil ich hier dennoch keine

Aus-

---

*) Matth. 3, 13 ₋ 17,
**) Matth. 4, 12. f.

Auszüge aus ihnen liefern, sondern mich nur auf die vom Jahre 1779, welche im zweiten Teile meiner heiligen Reden über die gewönlichen Evangelia der Sonntage und vornehmsten Feste des ganzen Jahres S. 231 = 252. abgedrukt worden, berufen. In dieser Predigt habe ich die Versuchung Jesu durch den Teufel als eine Tahtsache zu fünf Malen S. 243. 244. 245. 250. und 251. vorgestellet.

Mein gegenwärtiger Special=College, Herr Pastor Bartels, welcher seit dem October 1778 einer und eben derselben Gemeine mit mir als Lehrer vorstehet, hat die meisten dieser Predigten selbst angehöret. Nicht nur das, sondern derselbe kennet auch die davon gedrukte, weil ich es für collegialische Pflicht hielt, demselben alle drei Teile mei=

meiner heil. Reden, so wie sie nach und nach herauskamen, als ein geringes Andenken zu übergeben.

Wie auffallend und wie empfindlich es mir daher seyn müssen, als derselbe in diesem Jahre am S. Invocavit unsern gemeinschaftlichen Zuhörern gerade das Gegenteil von dem, was ich so viele Jahre hindurch gelehret hatte, vortrug; aus der Tahtsache eine Erscheinung, ein Gesicht, aus den Reden des Teufels innere Vorstellungen des Erlösers oder Gedanken einer beim Mangel und bei dem langen Aufenthalte in einer schauervollen Wüste gleichsam übertäubten Einbildungskraft machte; überlasse ich denen zu beurteilen, die sich ganz in meine Lage zu denken wissen. Allein diese Empfindlichkeit gieng nicht so weit, daß ich sie mir bei unserm öftern Umgange nur

ein

ein einziges Mal hätte merken laſſen, oder mit einem einzigen Worte hätte zu erkennen geben ſollen. Ich ſchwieg vielmehr, und ſagte mir gleich ſelbſt, daß man ſich der Wahrheit annehmen könne, ohne der Freundſchaft zu nahe zu treten. Dieſen auffallenden Widerſpruch meines Herrn Collegen ganz zu übergehen, würde ich mir ſelbſt nicht haben vergeben können. Denn es war doch wol natürlich, daß ein Teil der Gemeine entweder denken muſte, ich ſey mit der Geſchichte der Bibel nicht recht bekant, wiſſe Tahtſachen von Erſcheinungen nicht zu unterſcheiden, oder ich begünſtige den Aberglauben, und unter dieſen Gedanken muſten notwendig mein Amt leiden, und die Früchte meiner öffentlichen Vorträge vereitelt werden. Ich kan mir alſo bis auf dieſe Stunde bei ernſter Untertersuchung keine Vorwürfe darüber machen, daß ich an dem darauf folgenden Sonntage Reminiscere von dem Vernunftmäßigen in dem, was die Bibel von den bösen Engeln lehret über Matth. 15, 21=28 predigte, und in dieser Predigt meinen bisherigen Vortrag über die Versuchung Jesu Christi mit starken Gründen S. 16=23 jedoch ohne Bitterkeit, verteidigte. Wer ist sich das nicht selbst schuldig!

Nicht weniger kan ich es mir verdenken, daß ich nicht lange hernach obgedachte Predigt drucken, und ins Publicum gehen lies. Denn wie es in der Welt bei solchen Vorfällen zu gehen pflegt, so gieng es auch hier. Verschiedene meiner Worte wurden, jedoch nur von sehr wenigen Zuhörern, gemisdeutet. War es da nicht Zeit, sie ohne Aufschub

B dru=

drucken zu lassen, bevor die Erinnerung davon zu dunkel werden mögte? Sie erschien also, und Jeder muste gestehen, daß es dieselbe Predigt ohne Abänderung und Zusätze sey, welche von mir gehalten worden.

Bald darauf verbreitete sich das Gerücht, Herr Pastor Bartels würde auch die seinige drucken lassen. Das war gerade, was ich wünschte, und ich würde es noch wünschen, wenn derselbe sein Vorhaben nicht ausgeführet hätte. Mir muste es aus vielen Ursachen lieb seyn, wenn das Publicum über unsere verschiedenen Erklärungen und Meinungen richtig zu urteilen in den Stand gesetzet würde. Ich erwartete über das eine Vorrede, und in derselben wichtige Gründe, warum man in unsern aufgeklärten Zeiten keine wirkliche Versuchung

Je=

Jesu durch den Teufel mehr annehmen und glauben könne.

Allein wie sehr hatte ich mich in meiner Erwartung getäuschet. Statt einer solchen Vorrede erschien die Predigt mit einer Dedication an mich, in welcher meine Predigt als eine Unterbrechung unserer Freundschaft angesehen, die Rechtfertigung meines Vortrages in einem falschen Lichte dargestellet, und die Versuchung Jesu Christi zu einer wenig bedeutenden Sache gemacht wurde, die man erklären könte, wie man wolte. Nicht genug. Diese Predigt wurde mir von meinem Herrn Collegen mit einem Briefe vom 18ten Merz übersant, in welchem der Herr Verfasser zu erkennen gab, daß er mir diese Predigt zugeeignet:

„Um Sie allein über diese Predigt, „und über das, was Ihnen in der-
„sel-

„selben bedenklich geschiehen hat,
„zum Richter zu machen.

Ich antwortete noch an demselben Tage, und gab mein Befremden über diese Dedication zu erkennen. Da ich aber in dem Antwortschreiben keinen andern Grund von dieser Dedication angegeben, sondern vielmehr den vorigen mit folgenden Worten bestätiget fand:

„Ich wolte mir nicht, da ich einmal
„genötiget war, meine Predigt dru-
„cken zu lassen, das Publicum zum
„Richter über uns, zwey Collegen,
„machen. Darum übergab ich die
„Predigt Ihnen Selbst zur Beur-
„theilung;

so erklärte ich mich in einem Briefe vom 22sten Merz gegen denselben:

„Ich mus Ihnen noch einmal bezeu-
„gen, daß ich die Dedication Ihrer
Pre-

„Predigt an mich für überflüßig und
„für unnötig halte. Denn mich kon=
„ten Sie nicht zum Richter wählen,
„weil Sie vorher wusten, daß ich
„Ihrer Meinung ohne überwiegende
„Gründe, welche Sie aber nicht vor=
„bringen, nicht seyn konte.

Nach dem eigenen Geständnisse des Herrn Verfassers sol ich also seine Pre=
digt, oder vielmehr seine Auslegung des Evangelii vom S. Invocavit beurteilen. Wenn ich daher auch nicht genötiget wä=
re, meine Gedanken über die Dedica=
tion desselben an mich dem Publico vor=
zulegen, damit man mich nicht für einen Mann ansehen möge, der über Kleinig=
keiten unnötige Bewegungen mache, oder der den Werth collegialischer Freund=
schaft nicht empfinden könne; so würde mir diese Auffoderung des Herrn Pastor

Bartels doch schon ein Recht dazu geben. Es mag also geschehen.

Herr Pastor Bartels schreibt gleich im Anfange der Dedication:

„Daß mir in seiner Predigt vom
„S. Invocavit Eins und das Andere
„bedenklich geschienen, und daß ich
„meine Bedenklichkeiten am Sonnta-
„ge nachher geäußert.

Bedenklich schien mir freilich die Erklärung des Verfassers zu seyn, aber nur in so fern sie meinem vieljährigen Vortrage über dies Evangelium ganz entgegen war. An die gewis nicht unwichtigen Bedenklichkeiten, deren ich im Folgenden werde gedenken müssen, wolte ich damals nicht denken.

Er fährt fort:

„Unsere collegialische Freundschaft ist
„in dieser Zeit (von zehn Jahren nem-
„lich)

„lich) auch nicht durch ein einziges „widriges Wort gestöret worden.

Ein sicherer Beweis, daß ich sie auch bei diesem öffentlichen Widerspruche und bei dieser Verschiedenheit in Meinungen nicht zu stören gewillet war. Wie leicht hätte ich mir sonst meine Empfindlichkeit in Worten können merken lassen! Ich wolte aber nur so viel tuhn, als zur Rechtfertigung meiner bisherigen Vorträge, in so fern sie diesen Gegenstand betroffen, nötig war. Daß Hr. Pastor Bartels meine Predigt ruhig und gelassen angehört, und auch nicht mit einer unfreundlichen Miene erwiedert, wie es S. 6. heist, war nicht mehr, als ich vorher getahn hatte, ja noch weniger. Denn ich hörete am S. Invocavit ruhig und gelassen an, daß meinem bisherigen Vortrage auf einmal widersprochen wurde; dahingegen mein Herr College nur eine Wiederholung meines ehemaligen Vortrages anhören durfte. War nicht wenigstens das Eine eben so viel Gelassenheit, wie das Andere:

„Auf der andern Seite, schreibt er
„S. 6, waren Ihre Bedenklichkeiten
„durch den Inhalt meiner Predigt
„auf keine Weise veranlasset worden,
„da ich weder eine neue, noch eine
„dem Christentume nachteilige Er=
„klärung über die Geschichte der Ver=
„suchung Christi darin gegeben hatte.
Nicht die Bedenklichkeiten, die Herr Pastor Bartels sich denket, waren durch diese Predigt bei mir veranlasset worden; nicht, daß es eine ganz neue Erklärung sey; nicht, daß das Christentum, das durch seinen göttlichen und großen Stif= ter bis ans Ende der Tage mächtig er= hal=

halten werden wird, darüber im Ganzen leiden würde. Ganz andere Bedenklichkeiten waren es, die sich mir aufdrangen, diese nemlich: Was wird unsere liebe Gemeine von ihren Lehrern bei dieser Nichtübereinstimmung in Erklärung der heil. Schrift denken? Wofür wird sie mich oder meinen Collegen ansehen? Kan es fehlen, daß wenigstens einige, welche sich sogleich für alles Neue oder Neuscheinende erklären, nicht weil es besser, richtiger, gegründeter, sondern weil es neu ist, und welche es für Etwas Großes halten, den Satan allenthalben aus der Bibel, wol gar aus der ganzen Schöpfung hinweg zu denken, von mir denken, ich sey für die wahre Aufklärung nicht gestimmt, sondern begünstige den Aberglauben? Endlich werden wir beide bei einem so offenbaren

Widerspruche (denn Tahtsache und Nicht-Tahtsache ist Widerspruch) nicht veranlassen, daß viele der Gemeine in ihrem Christentume irre werden, und die Wahrheit desselben dahin gestellet seyn lassen, weil sie hier ein Exempel vor sich haben, daß man aus der Geschichte der Bibel machen kan, was man wil? Und diese Bedenklichkeiten waren es, die mich meinen bisherigen Vortrag in ein helleres Licht zu setzen, und das Vernunftmäßige darinnen zu zeigen, nötigten.

Daß ich aber nicht noch weit erheblichere Bedenklichkeiten dagegen vor und nach Lesung der Dedication gehabt haben, und noch haben solte, werde ich nie leugnen. Sie stehen hier ohne Zweifel an dem rechten Orte, und ich kann sie daher nicht übergehen, weil mein Herr College da-

dadurch, daß er den Gegenstand gar zu unbedeutend ansieht, und ihn zu einer blos exegetischen Frage macht S. 9, sie mir gleichsam abzwingt.

Erstlich sagt es wenig oder nichts, daß Herr Pastor Bartels seine eigene Erklärung nicht für die einzige mögliche, nicht für die einzige vernünftige ausgibt, sondern nur für eine sehr wahrscheinliche, auf guten Gründen beruhende, und dabei in allem Betrachte unschädliche. S. 8. Dies letztere hätte insonderheit sollen bewiesen werden. Aber der Herr Verfasser zeigt weder die große Wahrscheinlichkeit, welche seine Erklärung hat; noch giebt er die guten Gründe an, worauf sie beruhen sol, noch breitet er sich über das Unschädliche seiner Meinung aus, wozu ihm doch meine Predigt Gelegenheit genug gegeben

ben hatte. Ich kan mich also auch hier nicht darauf einlassen, auch kan ich bis dahin, daß er dieses tuht, das Wahrscheinliche, das auf guten Gründen beruhende, und das in allem Betrachte Unschädliche seiner Auslegung nicht anerkennen. Daß aber diese Erklärung nicht die einzige mögliche, nicht die einzige vernünftige ist, ist noch weniger für sie gesagt. Möglich und vernünftig scheinend sind noch viele andere Erklärungen dieser Geschichte von der Versuchung Jesu Christi; aber weil sie weder mit der Erzälung der heil. Schrift, noch mit dem edlen Character des Erlösers, noch mit der Deutlichkeit der christlichen Offenbarung zu vereinbaren sind, auch dem Christentume durch Folgerungen nachteilig werden könten; so ist das blos Mögliche kein Grund, sie anzunehmen, und

und der buchstäblichen Erklärung vorzuziehen. Wenn es überdas vorausgesetzet werden kan, daß nur ein Verstand einer Schriftstelle der richtige und wahre seyn kan, weil man sonst annehmen müste, der Geist Gottes habe bei Eingebung der Schrift nicht die Absicht gehabt, uns durch dieselbe bestimmte Begriffe mitzuteilen, sondern vielmehr zweideutig reden wollen; so muß das blos Mögliche nicht allein unsere Erklärung bestimmen. Es ist ja eine der ersten hermeneutischen Regeln, von dem eigentlichen oder wörtlichen Verstande der Schrift nicht abzugehen, als wenn uns der Zusammenhang, das Ganze der Religion, andere Schriftstellen, Vernunft oder eine Unmöglichkeit der Sache, oder der Genius der Sprache klar überzeugen, daß in einer Stelle der uneigentliche Verstand

stand für den eigentlichen zu nehmen sey. Wie solte uns also das blos Mögliche einer Erscheinung in Erklärung der Versuchungsgeschichte bestimmen können? Nicht der Zusammenhang, nicht das Ganze der Religion, nicht andere Schriftstellen, nicht die Vernunft, nicht eine Unmöglichkeit einer wirklichen Versuchung, nicht der Genius der griechischen Sprache fodern uns auf, hier den Glauben an eine wirkliche Begebenheit aufzugeben. Entscheidet das Mögliche für eine Erklärung, so hat die meinige viel voraus. Denn möglich war das lange Fasten des Erlösers, der mit Wunderkraft begabet war; möglich, daß er von dem Haupte der bösen Geister versuchet wurde, weil das Daseyn der bösen Engel und ihres Oberhaupts nicht geleugnet werden kan; möglich, daß er

zu

zu ihm nahete, weil er zu seiner Zeit einen Zutritt zu der Erde hatte, und Menschen sogar leiblich besitzen durfte; möglich, daß er ihn in der Wüste aufsuchte, auf das Tempelgebäude begleitete, und sich auf einem Gebirge ihm darstellete; möglich, daß er ihn durch Erinnerung an seinen Mangel, durch Lockung zur Vermessenheit, durch Herschsucht über die Welt zu einem Abfalle von Gott zu reizen versuchte; möglich, daß er alle die Auffoderungen an ihn taht, die Jesus so weise beantwortete. Wie weit weniger Mögliches findet sich aber in dieser Geschichte, sobald man sie zu einer Erscheinung macht! Denn es ist weit weniger möglich, daß Jesus, der in seiner Heimat nie voll auf gehabt, und zu aller Mäßigkeit und Verleugnung, wovon er die größten Muster

ster gegeben, sich von Jugend auf gewöhnet hatte, bey geringern Fastenspeisen S. 16 so entsezlich solte gehungert haben, daß er durch sich selbst in Versuchung gerathen, Steine in Brode zu verwandeln; es ist weit weniger möglich, daß Jesus sich im Geiste auf dem platten Dache des Tempelgebäudes zu Jerusalem sollte gesehen haben, da aus der Empfindung seines Hungers, der den Versucher zuerst herbeilokte, *) kein vernünftiger Grund zu dieser Vorstellung herzuleiten ist. Weit natürlicher wäre es gewesen, wenn die Glaubwürdigkeit der Geschichte es anzunehmen verstattete, daß Jesus gedacht hätte: Ich hungere, darum will ich mit meiner Wunderkraft Steine in Brode verwandeln; als es na-
tür-

---

*) Matth. 4. 3.

türlich seyn kann: Ich hungere, darum will ich einen Luftsprung von der Zinne des Tempels in die Tiefe hinab wagen, er müste denn nicht die Bewunderung des Volkes, sondern Brod damit zu verdienen gesuchet haben. Es ist weit weniger möglich, daß Jesus, durch den die ganze Welt geschaffen worden, *) bei dem Anblicke eines nicht großen Landes von einem Gebirge dem kleinen Gedanken solte Raum gegeben haben, sich an die Spitze der Nation zu stellen, um durch Kriege ein Herrscher der Juden zu werden; Jesus, der ein Schöpfer und Herrscher von viel tausend mal tausend Welten ist, und der als Erlöser sein Reich über den ganzen Erdcreis ausbreiten wolte. Es ist weit weniger möglich, daß Jesus, der nie

eine

---

*) Jo. 1, 3.

eine Sünde getahn, innere böse Begierden durch sich selbst ohne Anleitung solte gehabt haben. Es ist weit weniger möglich, daß die Schrift sagt: Da ward Jesus vom Geiste in die Wüste geführet, auf daß er von dem Teufel versuchet würde; da verlies ihn der Teufel:*) und doch nur innere Vorstellungen oder Erscheinungen, die aus einer angegriffenen Einbildungskraft entstehen können, zu erkennen geben wil. Wie dunkel müste sie seyn, wenn sie menschliche Gedankenspiele, Gesichte, Erscheinungen Versuchungen des Teufels nennen, und, wenn der Mensch sich von seinen Einbildungen losmacht, dann sich so ausdrücken wolte; der Teufel hat ihn verlassen! Was aber weit weniger mög-

---

*) Matth. 4. I. II.

möglich ist, das ist auch weit weniger vernünftig.

Zweitens kann es keine Rechtfertigung dieser Erklärung seyn, daß sie nicht neu, sondern viele bewährte Schriftforscher schon vor Grotium (ich wünschte, daß man diese bewährten Männer genennet) sie angenommen hätten S. 9. Denn es komt hier nicht auf die Erklärungen und Meinungen der Gottesgelehrten, sondern auf die Bestimmung der Schrift selbst an. Gesezt aber, daß man jenen Schriftforschern folgen wil, so ist es doch gewis in vielem Betrachte nachteilig, seinem Collegen mit ihren Meinungen auf der Canzel zu widersprechen. Das haben jene gewis nicht getahn. Ueber das geht man ja offenbar zu weit, die Entscheidung über eine Tahtsache im Leben Jesu bei einem

Schriftgelehrten zu suchen, die man aus der Schrift selbst so gewis haben kann. Ich könte viele Gottesgelehrte aus allen Zeiten des Christentums anführen, die meiner Meinung gewesen; *) aber für mich

---

*) Erasmus, einer von den gelehrtesten Männern seines Zeitalters, ist in seiner Paraphrasi in nov. I. C. Testamentum ad Matth. IV. gar nicht für eine allegorische Deutung der Geschichte von der Versuchung Jesu.
Clericus ist gewis ein Mann von Gewicht, der als Criticus noch geschätzet wird, aber nachdem er in seinem neuen Testamente ex versione vulgata bei Matth. 4 der bildlichen Erklärung gedacht, tritt er denen bei, welche die Versuchung Jesu für Tahtsache halten. " Omnibus, schreibt er S. 27 „in den Noten, probe expensis, existima-
„vimus, et hic ἀνήχθη significare simpli-
„citer *abductus est*, & vers. 5 παραλαμβά-
„νει esse *abducit*, et ἴστησεν esse se sistere
„curat; quibus positis, possunt haec in-
„ter-

mich, ist die heil. Schrift ein weit sicherer und bewährterer Bestimmungsgrund.

„terdiu contigisse, et a vigilante Christo „visa, audita et dicta. Vide Luc. IV. 9. „Itaque nihil est, cur ad somnium confugiamus!!!

Merkwürdig ists, daß Clericus in der ersten Ausgabe seines n. T. der uneigentlichen Auslegung der Versuchungsgeschichte das Wort redete, aber in der Leipziger Ausgabe seine irrige Meinung zurüknahm. S. das Englische Bibelwerk im 1ten B. des n. T. S. 186. Not. 109.

Jo. Lightfoot schreibt in seiner Harmonia quatuor Evangelistarum ex ed. Io. Leusdenii pag. 369. unter andern: Etenim si Christus mille huiuscemodi res in phantasia vidisset, et vidisset solummodo, præterea nihil ab iis passus, quid hoc ei esse potuit tentationis? quid mali?

Herr Oberconsistorialrath Teller in Berlin, ein gewiß nicht leichtgläubiger Schriftforscher, nimt in seinem Lehrbuche des christlichen Glau-

Drittens betrift die Erklärung der Versuchung Jesu durch ein Bild oder Vor-

Glaubens S. 136. 137. einen fünffachen Parallelismum zwischen dem ersten und dem andern Adam in ihren Versuchungen an, wozu er rechnet S. 136. daß der eine sowol, als der andere vom Satan versuchet worden, und setzt in der V. Anm. S. 137. 138. hinzu: „Es ist hier nicht der Ort weitläuftig zu „beweisen, daß diese ganze Geschichte eine „Erzählung einer wirklich geschehenen Be- „gebenheit sey, und keinesweges eine bloße „Erregung ähnlicher Bilder in der Einbil- „dungskraft des Erlösers durch den Satan „könne angenommen werden. So viele „Zweifel auch immer gegen die Wahrheit der „Geschichte, als Geschichte, gemacht wer- „den können, so viele Ursache hat man doch „auf der andern Seite, dem Buchstaben zu „folgen; und in so mannigfaltige und noch „weit größere Schwierigkeiten verwickelt man „sich, wenn man die andere Erklärung an- „nehmen will. Ich will nur noch kurz er-
ins

Vorspiegelung S. 16, 17. 50, nicht eine blos exegetische Frage S. 9, sondern eine Tahtsache in dem Leben Jesu, die

„innern, daß vor kurzen ein gewißer Eng-
„länder Farmer eine dritte Erklärungsart
„vorgeschlagen hat. Seiner Meinung nach
„muß man ein von Gott selbst veranstal-
„tetes prophetisches Gesicht verstehen, da-
„mit man nemlich, wie er, die Absicht als-
„dann desto leichter verdrehen, und den gan-
„zen Vorfall für eine sinnbildliche Vorstel-
„lung der Schwierigkeiten des Lehramtes
„J. C. ausgeben könne. Allein das heist
„auch, einen Traum durch den andern er-
„klären wollen.

Herr Hofrath und Profeßor Hezel zu Gießen, ob er gleich anderer Meinung ist, schreibt dennoch in seiner Bibel mit vollständig erklärenden Anmerkungen im 8ten Teile S. 31. „Die ganze Geschichte (von der
„Versuchung Jesu nemlich) in ein Gesich-
„te zu verwandeln, ist nicht viel beßer, (als
„nemlich den Satan in Satyrgestalt vor Je-

zwischen zwoen andern Tahtsachen erzälet wird. Sie leugnen, sie ohne irgend einen Scheingrund in ein Spiel der Einbildungskraft verwandeln, heist den Widersachern und Spöttern des Christentums freies Feld geben. Denn, wenn uns dergleichen erlaubt ist, warum solte es ihnen denn nicht erlaubt seyn, die Taufe Jesu durch Johannes, Alles, was bei seiner Geburt, in Gethsemane, bei seinem Tode geschehen, ja Hunderte von sei-

---

„su treten laßen) und, bey Erwägung aller „Umstände, eben so unwahrscheinlich."
Auch der Engländer Jacob Maknight erkläret sich für eine wahre Versuchung Jesu durch den Teufel in seinem Commentario harmonico in quatuor evangelia ex vers. Ruckersfelderiana pag. 115 seq. welcher Commentar in den Helmstedtschen Ephemeriden vom Jahre 1776 scida 41 vorteilhaft recensiret worden.

seinen Wunderwerken in Bilder und Gesichte, die entweder er oder seine Zuhörer gehabt, zu verwandeln? S. meine Predigt von dem Vernunftmäßigen ꝛc. S. 28.

Wäre es bei so wilkührlicher Behandlung der heil. Schrift und ihrer Geschichte zu bewundern, wenn der Woolstone immer mehrere würden, welcher Woolston vorgab, daß die Wunder Jesu nicht so geschehen, wie sie dem Buchstaben nach erzälet werden: sondern figürlich zu erklären wären, und nach der parabolischen Deutung anzeigen solten, was Jesus an den Seelen der Menschen gewirket und noch wirken werde. *)

---

*) Mich dünkt, es sey hier wol zu beherzigen, was Herr J. J. Stolz in Jo. Conr. Pfenningers christlichem Magazine 2ten B. 2tes St. S. 62. 63. 64 schreibt:

„Mat-

Viertens was wird aus Jesu nach dieser Erklärung? Ein Mensch von einer

---

„Matthäus und Lucas erzählen mit den=
„selben Umständen eine Geschichte, die zwi=
„schen Jesu, und einer Person, die sie Teu=
„fel und Satan nennen, vorging. Ehe
„Jesus öffentlich sein Lehramt antritt, er=
„scheint ihm der Teufel in der Wüste, wo
„er vierzig Tage gefastet hatte; der Teufel,
„kein Pharisäer, kein Sadducäer, deren doch
„vor und nach Meldung geschieht, will ihn
„verführen, daß er Stein in Brod verwand=
„le, und zwar, weil er Gottes Sohn sey;
„führt ihn darauf, weil er ihm von dieser
„Seite nichts abgewinnt, und gewiß dem
„Ton der Erzählung nach, nicht Schritt vor
„Schritt, sondern plötzlich auf die Zinne des
„Tempels, daß er sich von da herunterstürze,
„weil ihn eine Engelshand tragen werde;
„und da auch dieser Versuch mißlingt, nimmt
„er ihn auf einen hohen Berg von weiter
„Aussicht, zeigt ihm von allen Seiten seine
„Herrschaft, will ihm alles übergeben,
wenn

ner Einbildungskraft, die den Phantasien so leicht unterliegt; mit einem Her-
zen, aus dem arge Gedanken der Ver-
mes-

„wenn er ihn anbete. Jesus erkennt ihn an
„diesem Begehren, nennt ihn Satan, heißt
„ihn von hinnen weichen, und der Teufel
„verläßt ihn, und Engel dienen ihm.

„Man sage erstens, wenn diese Geschich-
„te von einem lebendigen gewöhnlich un-
„sichtbaren, mächtigen, Böses wirkenden
„und zum Bösen verführenden Wesen reden
„wollte, ob sies bestimmter, natürlicher,
„ungekünstelter, entscheidender hätte thun
„können, und zweitens, wenn in dieser Ge-
„schichte von nichts als von einem mensch-
„lichen Verführer oder von einer Allegorie
„oder von einer Verzückung die Rede ist, ob
„die Erzählung affektierter, mit den vorigen
„und folgenden disharmonischer, heteroge-
„ner, unwahrscheinlicher zu machen und zu
„denken wäre. Auf die zwey Fragen ant-
„worte man gerade zu mit einem bestimmten
„Ja oder Nein.

Wer

messenheit und des Ehrgeizes hervorbre-
chen; der sich selbst versuchet, um sich
selbst zu besiegen, und als Sieger gros
zu

„Wer sie ehrlicher Weise bejahen kann,
„den mögte ich bitten, falls er die Erzählung
„für Allegorie hält, in allen vier Evange-
„lien ein einiges Beispiel zu zeigen, daß diese
„Geschichtschreiber so allegorisiren, und zu
„sagen, warum gerade diese Geschichte Alle-
„gorie seyn müße, und ob jede andere evan-
„gelische Geschichte, die mit unsern Erfah-
„rungen nichts analogisches hat, ebenfalls
„allegorisirt werden solle, und was zulezt
„aus dem Evangelium werde, wenn alles Hi-
„storische, das etwa mit unsern philosophi-
„schen Vorurteilen nicht zusammenstimmt,
„zur Allegorie gemacht wird, — und wel-
„ches das Kennzeichen sey, daran man zum
„Beispiel bey dem Galiläer Matthäus das
„allegorische vom Historischen unterscheiden
„könne? Giebt er aber das Factum zu, nur
„nimmt er kein überirrdisches, geistiges, mit
„fürstlicher Herrschaft versehenes Wesen in
„der

zu thun. S. meine Predigt von dem Vernunftmäßigen ꝛc. S. 20-23.

Fünftens widerspricht die bildliche Erklärung der Geschichte von der Versuchung Jesu der heil. Schrift offenbar, und ist also ihrem Ansehen nachteilig. Denn wenn die heil. Geschichte in ihren Erzählungen so dunkel ist, und Erscheinungen als Wirkungen des Teufels vorstellet, was wird denn aus ihrer Deutlich-

,,der Erzählung an, sondern hält den Sa-
,,tan nur für ein Symbol eines verfüh-
,,renden Menschen, so bitte ich ihn zu sa-
,,gen, mit welcher Wahrscheinlichkeit ihm
,,irgend ein Mensch alle Reiche der Welt und
,,ihre Herrlichkeit zu übergeben versprechen
,,konnte, wenn er ihn anbete; und über-
,,haupt, ob die ganze Erzählung nicht eben
,,dadurch, weil sie ihr verführendes, zumal
,,für Jesum verliert, abgeschmackt werde?
,,Und endlich, wenn er die Sache zum Theil
,,für

lichkeit und Glaubwürdigkeit? Wenn ihre historischen Facta so viele mögliche Erklärungen zulassen, ja gar Erklärungen, wodurch die erzälten Begebenheiten zu Träumen und Nicht-Begebenheiten werden, wer wird sie denn weiter als eine Offenbarung ansehen, die vor Legenden viel voraus habe? In der Tahr, man mus auf Gesichte und Phanta-

---

„für Verzückung ansieht, so frage ich, ob
„nicht die heiligen Bücher es allemal genau
„angeben und ausdrücklich bestimmen, wenn
„etwas Verzückung war, und womit in die-
„ser ganzen Erzählung auf so was gewinkt
„werde, und ob dann alle Erscheinungen
„aus der unsichtbaren Welt, ob alle in den
„heiligen Schriften erzählten Engelerschei-
„nungen, ob Jesu Verklärung auf Tabor,
„und andere dergleichen Begebenheiten sei-
„nes Lebens auch nur Verzückung gewesen
„seyen?"

tasten viel halten, wenn man so weit gehen kann. Man würde ja jedem andern Geschichtbuche zu nahe treten, wenn man da Phantasien hineindenken wolte, wo von wirklichen Begebenheiten die Rede ist, wie vielmehr der heil. Schrift, die einen weit höhern Zweck, als andere Bücher, in der Welt hat! Denn wer kann es verkennen, daß sie nicht bestimmt genug von einer wirklichen Versuchung Jesu durch den Teufel rede! Heist es nicht:

1. Matth. 4, 1: Darauf ward Jesus vom Geiste (ὑπὸ τοῦ πνεύματος) in die Wüste geführet, daß er vom Teufel versuchet würde;

2. Marc. 1. 12, 13: Alsbald trieb ihn der Geist (τὸ πνεῦμα) in die Wüste. Und war alda in der Wüste vierzig Tage, und ward versucht

sucht von dem Satan, und war bei den Tieren; und die Engel dieneten ihm;

3. Luc. 4, 1.2: Jesus, voll des heiligen Geistes, kehrete vom Jordan zurück; und ward vom Geiste (ἐν τῷ πνεύματι) in die Wüste geführet; und ward vierzig Tage lang von dem Teufel versuchet.

Hier bestimmet die Schrift in den beiden ersten Stellen deutlich, daß der heil. Geist, welchen Joannes bei der Taufe auf Jesum hatte herabkommen sehen Matth. 3, 16, ihn in eine Wüste zu gehen erinnert habe, damit er vom Teufel versuchet würde. Sol das (ἐν τῷ πνεύματι) beim Luca die bildliche Erklärung etwa begünstigen, und nicht so viel heissen, als durch den Geist oder von dem Geiste; so folgt, daß auch der Aufenthalt

halt in der Wüste und das Fasten Jesu für Erscheinung, Bild oder Gesicht angenommen werden müße. Dann heist ἤγετο ἐν τῷ πνεύματι &c.: Es däuchte ihm, als ob er in einer Wüste wäre, und vierzig Tage fastete.

Sechstens. Wie kan man die Versuchungen des Erlösers, als ob sie ihm in einem Bilde begegnet wären, vorstellen, wenn man seinen wirklichen Aufenthalt in der Wüste und ein wirklich vierzigtägiges Fasten, dergleichen unter den Juden, besonders unter den strengern Parteien derselben, nach S. 15. 16. nicht ungewöhnlich gewesen seyn soll, annimmt und zugiebt? Wer kan denn bestimmen, was in dieser Geschichte eigentlich und was uneigentlich verstanden werden müße? Wie kan man sagen, vierzigtägige Fasten wären unter den Juden

D nicht

nicht ungewöhnlich gewesen? *) Die Juden sind ehemals nicht andere Menschen, wie

*) Das längste Fasten, von dem man unter den Juden weis, währete 21 Tage. Es nahm seinen Anfang den 17ten des Monats Tammuz, und wurde bis auf den 9ten des Monats Ab fortgesetzet, mit dem es beschloßen wurde; jedoch war nur der 17te ein eigentlich großer Fasttag, die darauf folgenden bis zum 9ten des Ab mit Fasten zu feiern war wilkürlich, und nur unter den strengern Parteien der Juden üblich. Sie beobachteten selbiges, weil alle diese Tage für das Volk Israel unglücklich gewesen sind, und insonderheit den 17ten des Tammuz die H. Stadt durch die Babylonier erobert worden. Sie enthielten sich aber nicht aller Nahrung, (denn das war ganzer 21 Tage nicht möglich.) nur des Fleisches und Weines. S. Hadr. Relandi Antiquitates s. veterum Hebraeorum part. IV. cap. I. de Iejuniis §. VII. und Calmets biblisches Wörterbuch 2 Teil S. 193 unter dem Worte Fasten.

wie zu unsern Zeiten gewesen, von welcher keiner acht Tage ohne Lebensgefahr fasten und hungern kan. Oder soll das Fasten Jesu nur Enthaltung von den Speisen, deren er gewohnt war, gewesen seyn, soll er etwa, wie Catholik, gefastet und nur weniger stärkende Speisen genoßen haben, wie S. 16 behauptet wird; so heist das, der Schrift vorgreifen, welche genau bestimmet, daß das Fasten des versuchten Jesu in einer gänzlichen Enthaltung von allen Speisen bestanden habe. Denn Lucas schreibt 4, 2. Er ward vierzig Tage von dem Teufel versucht; und as nichts in denselbigen Tagen; καὶ οὐκ ἔφαγεν οὐδὲν ἐν ταῖς ἡμέραις ἐκείναις. Ich kan hier anzuführen nicht unterlaßen, was ein auswärtiger Gottesgelehrter, welcher nicht genennet seyn

D 2   will

wil, bald nach diesem Vorfalle unter dem 5ten April dieses Jahres an mich schrieb: „Alle Hypothesen über den modum „der Versuchung Christi Matth. IV „haben mir noch kein Gnüge getahn, „und führen Schwierigkeiten mit sich, „die alle wegfallen, wenn man sie, „was sie meiner Meinung nach ist, „für Geschichte und Tahtsache hält. „Denn wenn ein Umstand wahr ist, „z. E. Das vierzigtägige Fasten, so „sind sie alle wahr. Man kan nicht „eins eigentlich, und das andere un= „eigentlich verstehen. Ich mag dazu „keinen Erlöser, der Schwärmer, „Träumer, Geisterseher (das leztere „in dem heutigen neumodischen Ver= „stande genommen) ist, und sich selbst „durch Fasten in den Stand zu Ein= „bildungen gesetzet hat, weil solches mit „sei=

„seiner sonst geäußerten Weisheit und „Redlichkeit nicht bestehen kan, und „sein Verdienst herabwürdiget. Allein „man darf sich heut zu Tage über der= „gleichen Einfälle, und unzureichende „Aufklärungen eben nicht wundern."

Siebentens. Die verschiedenen Aus= legungen des Evangelii am 2ten Advents= sonntage können mit den verschiedenen Auslegungen des Evangelii am Sonn= tage Invocavit nicht en parallele gesetzet werden. S. 10. Denn jenes enthält eine Weißagung, dieses erzählet ein Factum. Ueber jenes kan jeder auf= merksame Leser der Schrift selbst urteilen, und seinen Sinn finden; finden, daß vom Untergange des jüdischen Staats darinnen geredet werde; über dieses aber nicht, so Jemand dieser Tahtsa= che ohne Gründe widerspricht. In dem

dem erstern Falle ist die Erklärung vom Untergange des jüdischen Staates wahre Berichtigung, in dem leztern aber nicht, sondern bloße Leugnung. Bei jenem wird der Untergang des jüdischen Staats nicht geleugnet, wenn es auch vom Ende der Welt und dem allgemeinen Weltgerichte erkläret wird, beide Wahrheiten bleiben durch die verschiedenen Auslegungen unverlezt; bei diesem aber nicht, sondern die eine Erklärung hebt die ganze Sache auf, und macht eine wirkliche und wichtige Begebenheit zu einem Gedankenspiele. Welch ein Unterschied! Wo ist hier Parallelismus! Eben daher kan eine solche Auslegung auch nicht zu den freien Untersuchungen, oder Fragen die das Wesentliche unserer Religion nicht angehen, und die des-
we-

wegen nach unserer kirchlichen Verfassung bei unsern Verpflichtungen eines Jeden gewißenhaften Einsicht überlaßen sind, S. 10. gehören. Denn wir haben freilich nicht auf jedes Evangelium, sondern nur aufs Ganze verpflichtet werden können. Aber so wenig hat man uns gewis nicht verpflichtet, daß es uns erlaubt seyn sollte, aus Tahtsachen in dem Leben Jesu Phantasien, Bilder, Vorspiegelungen, mit einem Worte, Nicht — Tahtsachen zu machen.

Achtens gibt das der bildlichen Auslegung des Evangelii am S. Invocavit kein mehreres Gewicht, daß nach dem Geständnisse redlichgesinnter Christen die Predigt, wobei sie voran stehet, Etwas mehr Eindruck gemacht haben sol, als der Herr Verfasser sonst von seinen geringen Arbeiten zu erwarten pflegt S. 7. Das gehört so wenig hieher, als es irgend Etwas entscheidet. Denn es ist nicht von der Predigt, sondern von der Auslegung des Textes die Rede, die nicht anders von mir und der Gemeine aufgenommen werden konte, als daß die meinige, die ich seit so vielen Jahren vorgetragen, ungegründet seyn müße. Hiezu komt, daß ich jenen redlichgesinnten Christen eben so viele redlichgesinnte Christen, vornehmen und geringern Standes, entgegenstellen kan, die dadurch bis nach Anhörung meiner Predigt beunruhiget, oder, wie man zu sagen pflegt, irre geworden sind.

Bedenklichkeiten genung, zu welchen ich nur noch die einzige Erklärung hinzuzusetzen habe, daß ich es gern zufrie=

frieden bin, daß unsere beiderseitigen Ueberzeugungen, wie es S. 9. 10. heist, immer neben einander stehen bleiben, und eben so freundschaftlich neben einander stehen mögen, als wir beinahe zehn Jahre lang in unserm Berufe gestanden haben. Nur bedinge ich, nicht auf der Canzel. Denn es geht durchaus nicht an, daß zweene Lehrer einer christlichen Gemeine in diesem Falle verschieden lehren. Nicht, daß der eine lehret: Jesus ist wirklich vom Teufel versuchet worden; der andere aber: Jesus ist nicht wirklich vom Teufel, sondern nur im Bilde versuchet worden. Nicht, daß der eine wirkliche Versuchungen behauptet, der andere aber daraus Vorspiegelungen der Ehre S. 50. 51. macht. Das kan beides nicht mit einander bestehen, mus unter gemeinschaftlichen Zuhörern nothwendig Verwirrungen veranlassen, und gegen einen von beiden Mistrauen erwecken. So lange ich also reden und schreiben kan, werde ich für mein Teil die wirkliche Versuchung des Erlösers vom Teufel durch Predigten und Schriften verteidigen, und das Ansehn der heil. Schrift und die Glaubwürdigkeit der Lebensgeschichte Jesu dadurch zu sichern suchen.

Anhang.

Dem

Recensenten zwoer Predigten,

des Hrn. Pastor Bartels vom S. Invocavit und der meinigen vom S. Reminiscere dieses Jahres in Nro. 195. der allgemeinen Literatur-Zeitung vom 14ten Aug. 1788. S. 429:432.

dienet zur

Antwort:

Anmerkungen, welche aus den Allegorien eines Origenes, der in seinen Büchern de Principiis lib. IV. cap. II. zu der uneigentlichen Auslegung der Versuchungsgeschichte zuerst Anlas gegeben, und dann auch eines Farmers hervorgesuchet sind, sind nicht allein für die Canzel

zel noch ungewöhnlich, sondern werden es für dieselbe auch immer seyn und bleiben müßen.

Es war nicht gut, daß man nicht bedachte, daß Mitmenschen empfindliche Ohren und feine Nasen haben. Sollen denn nur Recensenten allein so empfindlich an Ohren und so fein an Nasen seyn, daß sie es gleich merken, was dem Unfuge, den sie unter dem Vorwande der Aufklärung treiben, entgegen ist? Sollen andere Menschen sich alle ihre Widersprüche und Entgegenarbeitungen gefallen lassen, und nicht einmal Empfindung davon haben?

Der Hr. Recensent muß sehr weit hin empfinden können, daß er einen ärgerlichen Auftritt empfunden hat, wovon Niemand zu Braunschweig Etwas weis. Ist irgend Etwas, einem är-

ärgerlichen Auftritte ähnliches erfolget, so ist dies Aergerliche nicht von meiner Seite veranlasset worden.

Daß die Anmerkungen über den Text nur im Eingange dahingeworfen, entschuldiget nicht. Träume, Visionen, Vorspiegelungen mus man weder im Eingange noch an einem andern Orte einer Predigt statt Tahtsachen unterschieben.

Frischer und kochender Eifer ist mir unbekant. Sol es aber ein großes Versehen seyn, daß ich erst nach acht Tagen meine bisherigen Vorträge über diese Geschichte rechtfertigte; so mus es ein noch weit größeres von Seiten des Recensenten seyn, daß er von der Ostermesse an bis in den August seine Galle zu nähren, und so viel Partheilichkeit und Bitterkeit gegen mich aufzubewahren wuste.

Da

Da es in der Geschichte des Canaanäischen Weibes Matth. 15, 22. heist: Meine Tochter wird vom Teufel geplaget; so ist mein Thema weit weniger mit Haaren herbeigezogen, als es mit Haaren herbeigezogen ist, daß es Jesu auf einmal in der Wüste gewesen, als hörete er Stimmen, worauf der Text gar nicht hinweiset. Es heist vielmehr im Evangelio vom Sonnt. Invocavit zu dreien Malen: Der Versucher sprach.

Die Geschichte sagt zwar nicht, daß das Haupt der bösen Engel Jesum versuchet hat, wie Recensent hoch aufnimt, sondern nur der Teufel. Wenn es aber auch nicht bewiesen werden könte, daß das Haupt der bösen Engel verstanden werden müße, sondern jeder böse, diesem Haupte unterworfene, Engel verstanden werden könne; so verräht doch
Re=

Recensent hier ungemein viel Partheilichkeit. Mir rechnet er jeden Umstand hoch an, dahingegen macht er nichts daraus, daß eine Tahtsache im Leben Jesu zum Traume zur Vision gemacht wird. Hätte er nicht auch bei Recension der andern Predigt sagen müssen: Von dem: Es war ihm auf einmal, als hörete er eine Stimme, die ihm zuriefe ꝛc. sagt die Geschichte nichts.

Die Parenthese: (auch, der Geschichte zufolge, noch lange nachher bis auf Gaßner) verräht viel Bosheit. Denn ich habe mich in meiner Predigt S. 23=26. bestimt genung erkläret, so, wie Hr. Consistorialraht Leß in seiner practischen Dogmatik S. 267. f. getahn hat, und zu keinem Verdachte Anlas gegeben, daß ich der Bibelgeschichte Legenden an die Seite setze.

E Wenn

Wenn auch die Lehre vom Teufel nicht bei jeder Gelegenheit zu vertheidigen ist, so ist sie doch gewis dann zu vertheidigen, wenn Tahtsachen in dem Leben Jesu durch ihre Leugnung zu Nichttahtsachen gemacht werden.

Ich habe nicht viel Wesens und Aufsehens über die Lehre vom Teufel gemacht, denn sonst hätte ich auf eine andere Art darüber predigen müssen. Aber, daß man die Geschichte der Offenbarung durch Allegorien eines Origenes und eines Farmers zweifelhaft, und meine Vorträge verdächtig machte, muste mich wol auf diese Bibellehre hinleiten.

Mit dem Gleichniße von einem Bewohner eines sichern und bequemen Hauses beweisen wollen, daß Kentnis des Teufels einem gemeinen Christen (ein sehr unschiklicher Ausdruk) nicht nö-

nötig sey, ist viel gefodert. Jeder ungelehrte Christ wird doch wol die Schriften des n. T. lesen sollen; *) und, wenn das ist, so wird er doch auch wol, wenn diese Schriften ihm verständlig seyn sollen, einen vernünftigen Begrif von den bösen Engeln haben müßen. Oder sol er auch etwa nicht wißen, daß und wie die Apostel die Lehre Jesu ausgebreitet haben, da er an dieser Lehre einmal einen sichern Führer hat? Hätte doch Recensent auch bei der Bartelschen Predigt zu sagen nicht muthwillig vergeßen, daß einem ungelehrten Christen die Bekantschaft mit den Allegorien einiger Schriftforscher vor Grotium nicht nötig sey?

---

*) Die Zeiten werden wir doch nicht wieder haben wollen, wo die Bibel liber prohibitus war.

Wenn Recensent es auch beurteilen können, daß ich gerade zu der Zeit an dem Orte bei der Gelegenheit und auf die Art so oder nicht hätte predigen müßen, so sagt er doch immer zu viel, daß ich die Lehre vom Teufel in Schuz genommen. Nichts weniger, ich habe nur das Vernunftmäßige in dieser Bibellehre zeigen, von Jesu den Verdacht einer verworrenen Einbildungskraft ablehnen, und meine bisherige Vorträge gegen solche feine Entgegenarbeitungen retten wollen.

Die Absicht, meinen Hr. Collegen in Verdacht und Geschrei der Irrlehre zu bringen, konte ich nicht haben. Denn so wenig in meiner ganzen Lage als in dem Verhältniße zu ihm ist irgend ein Grund vorhanden, durch die Erreichung dieser Absicht zu gewinnen.

Der

Der unausbleibliche und mir und meinem Amte nachteilige Argwohn, daß ich andere Absichten gehabt, als die Wahrheit zu vertheidigen, ist, ohnerachtet der gewißen Vorherbestimmung des Recensenten, dennoch ausgeblieben.

Sehr artig weis Recensent zu bestimmen, wer dem andern Ursach zu klagen gegeben habe. Von der einen Seite mogte man vorbringen, was man wolte, und das, wovon ich als von einer Tahtsache geredet, für Nicht — Tahtsache erklären, so wars doch nach des Recensenten Meinung unmöglich, die Consequenz daraus zu ziehen, daß mein Vortrag dadurch verlieren könne und müße. Aber, wenn ich Gründe für die Wahrheit der Geschichte anbringe, und sich daraus folgern läßet, daß das Ansehn der christlichen Offenbarung und aller ihrer Geschichten von Tahtsachen durch traumartige Erklärungen leiden, und Jesus zum Schwärmer heransinken müße, so schreiet Recensent, daß man Anlas zu klagen gebe. Allein dieser Anlas liegt in der Sache selbst, in der uneigentlichen Erklärung einer wirklichen Geschichte, und in der Deutung, welche Recensent davon macht.

Die Zuschrift, welche zur Ehre des Verfaßers so hoch erhoben wird, mag ich nicht beurteilen, ob sie gleich hier häufig nicht so, wie Recensent davon denkt, beurteilet worden ist.

Daß sich endlich der Recensent durch eine Privatnachricht hat verleiten laßen, das geistliche Gericht der Stadt Braunschweig zu verläumden, und die Entscheidung unsers weisen und großen Herzogs, die nicht publici iuris geworden ist, und die

die ihm auf rechtmäßige Art nicht bekant werden konte, zu beurteilen; auch, daß er sich erdreistet, allen Regenten und Fürsten Vorschriften zu geben, wie sie sich als summi episcopi zu verhalten haben, und zwar solche Vorschriften, die dem Unfug, den Recensent und Consorten vermuhtlich als Aufklärer treiben, sehr zu statten kommen, ist zum Erstaunen. Ich laße es bei diesem Erstaunen bewenden, und erkläre hier nur noch öffentlich, daß ich von keiner Inquisition des Braunschweigischen geistlichen Gerichts weis, welches sich über das wegen dieser Beschuldigung an Recensenten zu halten wißen wird. Denn wie unverantwortlich ists, daß ehrwürdige Gerichte eines ansehnlichen Herzogtums in Deutschland in auswärtigen Zeitungen von einem partheiischen Recensenten auf unzuverläßige

Pri=